Gefühle sind nicht zum Versagen da

AF287235

Heidemarie Reckel

Gefühle sind nicht zum Versagen da

Bibliografische Information der Deutschen Nationalbibliothek:
Die Deutsche Nationalbibliothek verzeichnet diese Publikation
in der Deutschen Nationalbibliografie;
detaillierte bibliografische Daten sind im Internet über
http://dnb.d-nb.de abrufbar.

© 2012 Heidemarie Reckel
Satz, Umschlaggestaltung, Herstellung und Verlag:
BoD – Books on Demand
ISBN: 978-3-8448-4003-2

Inhalt

1. Der Stress

Da es im menschlichen Leben meistens nur um materielle Dinge geht, bleiben die Gefühle fast immer auf der Strecke. Auf welcher Strecke bleiben sie denn? Der Mensch streckt sich und streckt sich und irgendwann zerreißt es ihn. Wie kann man sich immer noch strecken, wenn man sich nicht mehr strecken kann? Irgendwann ist der Punkt erreicht, und dann zerreißt alles, das nennt man heute Stress. Fast alle leiden unter Stress, ob Groß, ob Klein, ob Jung, ob Alt. Wo führt das noch hin? Das Leben im Stress ist eine Zerreißprobe. Wenn der Stress am höchsten, dann zerreißt irgendwann etwas. Metall zerreißt irgendwann, wenn es abkühlt. Beim Menschen zerreißt etwas, wenn er sich ständig aufregt. Stress ist Aufregung ohne Ende, und irgendwann zerreißen die Nerven. Die Nerven halten den Stress nicht aus, das nennt man dann Nervenzusammenbruch.

Dieses Buch habe ich geschrieben, um genau das zu verhindern! Falls es Ihnen gelingt, dieses Buch bis zum Ende zu lesen, haben Sie eine detaillierte Anleitung dafür, dass Ihnen so etwas nicht passiert. Mein Leben war Stress mit Ende, mit Ende, als die Bewusstheit bei mir einzog: So geht es einfach nicht weiter. Dabei ist im Leben alles so einfach, wenn wir es nur erkennen könnten. Uns fehlt die Erkenntnis! Um was geht es denn wirklich im Leben? Was wirkt in unserem Leben? Wirken wir oder wirkt das Leben? Es wäre vielleicht zu überlegen: Wer hat denn wirklich die Oberhand im Leben, wir oder das Leben? Genau darum geht es in meinem Buch. Unsere Gefühle bestimmen unser Leben, wir bestimmen unser Leben, und wir lassen unser Leben nicht durch unser Leben bestimmen. So einfach ist es – und doch so unendlich schwer. Leben Sie Ihr Leben nach Ihren Gefühlen und es geht Ihnen einfach besser. Gefühl im Leben bedeutet frei sein vom Druck des Lebens. Druck des Lebens ist auch Stress! Druck des Lebens ist sogar größer noch als der Stress des Lebens. Verringern Sie Ihren selbst gemachten Druck und Ihr Leben wird einfach einfacher. Dann beginnen die Gefühle im Leben zu wirken. Um genau diese Gefühle geht es im ganzen nachfolgenden Text. Die Gefühle sind die Messlatte im Leben. Wie groß ist Ihre Messlatte? Haben Sie überhaupt eine Messlatte? Wenn nicht, dann ist dieses Buch genau richtig für Sie. Lehnen Sie sich zurück und lassen Sie Ihr Gefühl im Leben wirken. Das wird Wirkung zeigen. Genau darum geht es im Leben.

2. Die Freude

Unser Leben könnte so schön sein, wenn wir uns öfter mal freuen würden. Wann haben Sie sich das letzte Mal gefreut – und wie haben Sie sich gefreut? So richtig von Herzen oder eher gemäßigt wenig? Falls Sie es vergessen haben sollten, dann ist es wahrscheinlich schon etwas länger her. Manche Menschen versagen sich die Freude schon in der Kindheit, und in der Jugendzeit ist man dann einfach nur noch cool. Das könnte etwas mit der Erziehung zu tun haben. Es gibt Menschen, die können es nicht ertragen, wenn andere Menschen sich (manchmal auch laut) freuen. Das erfahren Kinder öfter in ihrem Leben, und als Resultat freut man sich gegebenenfalls nur noch leise oder gemäßigt. Spielplätze sind auch heute manchen Menschen ein Dorn im Auge. Wieso das denn? Genau deshalb: Wenn man sich nicht mehr freuen kann, kommt auch mal Neid auf, und das tut richtig weh! Freuen wir uns also, dann brauchen wir nicht neidisch zu sein. Kinder spielen, um zu lernen und um sich zu freuen. Erwachsene könnten auch mal wieder spielen, alles andere vergessen und mal wieder ins Fühlen kommen. Spielen und auch Lachen, das kann richtig Freude bereiten. Es gibt so viele Möglichkeiten zur Freude, wenn man seine Gefühle nicht verloren hat. Leider haben es die Menschen verlernt, ihre Gefühle wahrzunehmen und zu leben. Kann man das wieder lernen? Das kann man, wenn man seine Gesinnung ändert; wenn man nämlich das Leben wieder genießen möchte. Das hat etwas mit Bewusstheit zu tun. Wenn man sich der Tatsache bewusst ist, dass das Leben immer mit Gefühl verbunden ist, dann wird es unmöglich, sich Gefühle zu verbieten. Für unsere emotionale Gesundheit ist es sogar zwingend erforderlich, Gefühle zu äußern. Das kann man auch, indem man sich freut, die Freude zulässt, indem man sie äußert. Da kommt dann doch wirklich Freude auf! Wir dürfen uns sogar darüber freuen, dass wir uns noch freuen können. So schön kann das Leben sein!

Wenn Sie sich diese Gesinnung erarbeitet haben, dann wird es Ihnen keine Probleme bereiten, Möglichkeiten zu finden, um sich zu freuen. Es gibt dann keinen Grund mehr, sich die Freude zu versagen. Wer versagt uns überhaupt die Gefühle? Könnte unser Kopf eventuell etwas damit zu tun haben? Verkopfte Verstandesmenschen haben mitunter Schwierigkeiten, ihre Gefühle wahrzunehmen. Krankheiten haben aber leider ihren Ursprung in untersagten Gefühlen. Damit es nicht so weit kommt, lassen Sie wieder Ihre Gefühle zu. Wenn man sich zum Beispiel freut, dann kann man das auch mit gutem Gefühl zulassen.

Freude ist kein Gefühl. Wenn Gefühl beachtet und gelebt wird, dann kann auch Freude entstehen. Freude ist nur ein Symptom …

3. Die Bewegung

Da gab es mal etwas im Leben eines Menschen, das man Bewegung nannte. Der Mensch hat sich in vergangenen Zeiten öfter mal bemüßigt gefühlt, sich einfach mal zu bewegen, eventuell sogar in der Natur. Kennen Sie auch noch manchmal diesen Bewegungsdrang? Machen Sie sich auch noch manchmal auf die Socken und bringen sich in Bewegung? Nur in der Bewegung des ganzen Körpers ist Gefühl für den ganzen Körper erlebbar. Leider ist es so, dass wir unser Körpergefühl ein wenig verloren haben. Fitnesstraining hat leider den Nachteil, dass es nicht in der Natur stattfindet, es sei denn, das Training findet in der Natur statt. So etwas gibt es auch heute noch. Sport ist nicht immer nur Mord, Sport kann auch ganz viel Spaß machen, wenn man es denn schafft, Sport zu treiben. Mal nicht nur vor der Glotze hocken, sondern Bewegung ins Leben bringen ist auch eine schöne Variante. Bewegung im ganzen Leben ist eine Bereicherung für den Körper und merklich auch für das Gefühl zum Leben. Können Sie sich vorstellen, dass der Körper Ihnen für ein wenig Bewegung dankbar sein könnte? Können Sie sich vorstellen, dass dadurch Bewegung in Ihr ganzes Leben kommen könnte? Aber wie geht das denn? Indem man sich einfach mal wieder bewegt. Bewegung ist nur ein Symptom für …

4. Der Zeitpunkt

Haben Sie schon mal einen Zeitpunkt im Leben gehabt, der nach Veränderung gerufen hat? Manchmal sind solche festgefahrenen Punkte eine letzte Möglichkeit, um endlich wieder Gefühl für das eigene Gefühl zu bekommen. Denn wenn nichts mehr geht, fragt man sich fast immer nicht so ganz plötzlich: Warum tritt man eigentlich immer auf der gleichen Stelle herum, auf der man eigentlich gar nicht herumtreten möchte? Wieso geht man nicht einfach mal in eine Richtung – in eine ganz andere Richtung. Einfach mal losgehen, eventuell in eine falsche Richtung, aber losgehen, das wäre eventuell auch eine Variante. Wenn einem dann eventuell bewusst wird, es ist wirklich die falsche, dann ist immer noch eine Richtungsänderung möglich, und zwar dann gegebenenfalls auch in die gefühlte richtige Richtung. Vertrauen Sie doch einfach mal Ihrem Gefühl, dann könnte es sein, dass Sie den Punkt, den festgefahrenen Punkt der Gefühllosigkeit verlassen können und müssen. Das hat fast immer eine befreiende Wirkung. Da fühlt man sich dann endlich wieder frei und frei von erdrückenden Gefühlen, Gefühlen der Hilflosigkeit und der Verzweiflung am eigenen Leben. Diese Gefühle sind leider immer hausgemachte, eigene Gefühle und können auch nur hausgemacht wieder verändert werden, indem man sich mal wieder gefühlstechnisch bewegt. Bewegung im Gefühl ist ein Symptom …

5. Der Mut

Heutzutage gibt es immer wieder Menschen, die bereit sind, ihre festgefahrenen Punkte zu verlassen. Das allerdings erfordert nicht nur manchmal, sondern immer auch einen gewissen Mut, Mut zur Veränderung. Der wächst einem aber, wenn es dann sein muss, ganz plötzlich – selbst bei größter Verzweiflung – und meistens wirklich erst dann. Wenn gar nichts mehr geht, und wirklich erst dann, wächst den Menschen der Mut, der alles bewegende Mut, der Mut zur Befreiung von erdrückenden Gefühlen. Kennen Sie so etwas auch? Woher kommt denn bloß dieser alles bewegende Mut? Haben Menschen eventuell eine innere Stimme, die ihnen den plötzlichen Mut macht, wenn man ihr denn mal Gehör verschafft? Wieso haben wir verlernt, auf diese innere Stimme zu hören, diese innere Stimme, die wir auf unerklärliche Weise verloren haben? Im stressigen Alltag kann es passieren, dass man die innere Stimme sozusagen verlieren kann. Das geht aber auch anders, indem man sie auch konservieren, sozusagen auf Abruf hervorholen und genießen kann. Das nennt man in unserer Gesellschaft Mut. Mut ist ein Symptom für …

6. Die innere Stimme

Tiere besitzen eine innere Stimme, die nennt man Instinkt. Menschen besitzen auch eine innere Stimme, die nennt man Intuition. Die Intuition ermöglicht es auch heute noch, festgefahrene Gleise zu verlassen und neue unbekannte Wege zu gehen. Manche Menschen kennen das auch heute noch, indem sie sich Wünsche erfüllen, die anderen unmöglich erscheinen mögen. Wunscherfüllung ist ein großes Thema heutzutage. Viele Bücher sind bereits darüber geschrieben worden. Manchmal funktioniert sie und manchmal auch nicht. Wie kommt das nur? Das weiß ich leider auch nicht. Ich weiß aber, dass es bedingt etwas mit der eigenen Überzeugung zu tun haben könnte! Die Überzeugung, davon überzeugt zu sein, dass das gelingt, was man sich überzeugterweise vorgenommen hat. Das nennt man dann auf die innere Stimme hören, wenn man es nicht verlernt hat, auf diese innere Stimme zu hören. Können Sie noch auf Ihre innere Stimme hören? Das wünsche ich Ihnen von ganzem Herzen, denn dann – und nur dann – sind Wünsche erfüllbar. Das hat nichts, aber auch gar nichts mit positivem Denken zu tun. Das ist dabei leider gegenteilig wirksam. Positives Denken ist besser als negatives oder gar kein Denken. Aber positives Denken zur Wunscherfüllung entgegen der Überzeugung ist nicht nur hinderlich, sondern sogar höchst schädlich. Weil der Träumer dabei leider immer mal wieder auf die eigene Nase fällt. Wie kann etwas funktionieren, von dem man nicht einmal selbst überzeugt ist, dass es funktioniert? Große Rituale leisten dabei auch heute noch keine wirkungsvollen Dienste. Überzeugung ist der Weg zur Wunscherfüllung. Die innere Stimme ist der Weg zur Überzeugung. Überzeugung ist ein Symptom ...

7. Die Wahrheit

Es kann durchaus sein, dass man beim Hören der inneren Stimme bei der Wahrheit bleiben muss. Die innere Stimme ist die absolute Wahrheit. Wer es gelernt hat, auf seine innere Stimme zu hören, kann nie mehr im Leben die Unwahrheit, sprich Lüge, sagen. Unwahrheit ist die Verdrehung der Wahrheit. Wer lügt verdreht sich selbst und die Wahrheit. Wie kann es angehen, dass man sich selber verdreht und lügt? Ja, weil Gradlinigkeit etwas mit Aufrichtigkeit, mit bewusster Wahrnehmung der eigenen Persönlichkeit zu tun hat. Ein gradliniger, aufrichtiger Mensch hat kein Problem damit, auf die innere Stimme zu hören und die Wahrheit zu sagen. Haben Sie schon einmal versucht, einen ganzen Tag lang die Wahrheit und nur die Wahrheit zu sagen? Das ist außerordentlich schwer. Versuchen Sie es einmal, dann werden Sie merken, auch Notlügen sind Lügen. Und wenn Sie dann ganz bewusst auf Lügen verzichten, werden Sie merken, wie unendlich befreit Sie dann sind. Lügen haben kurze Beine, und wenn man lügt und immer weiter lügt, dann kann es geschehen, dass diese kurzen Beine immer kürzer werden und es einem unmöglich machen, sich überhaupt noch einmal wahrheitsgemäß zu bewegen. Alles rein hypothetisch, aber durchaus auch im Bereich des Möglichen. Also, um es kurz zu machen, es gibt keine Alternative zur Wahrheit. Wahrheit ist die wichtigste Voraussetzung, um die innere Stimme zu Wort kommen zu lassen. Dabei geht es niemals um die Verteidigung der

Persönlichkeit, sondern vielmehr um die Wahrnehmung der innewohnenden Gefühle, Wahrnehmung hat etwas mit Wahrheit zu tun. Wenn man in der Lage ist, die eigenen Gefühle wahrzunehmen, dann kann man nur noch die Wahrheit und nichts als die Wahrheit sagen. Hier allerdings beißt sich die Katze immer und immer wieder selbst in den Schwanz, weil die Menschen es verlernt haben, ihre Gefühle überhaupt wahrzunehmen und dann auch noch adäquat auszudrücken. Wie kann man Gefühle zum Ausdruck bringen? Ganz einfach, indem man darüber redet. Reden hilft manchmal, aber meistens auch immer. Reden in Wahrheit und nur über die eigene Wahrnehmung. Nicht darüber, wie man den anderen wahrnimmt, sondern über die eigene Befindlichkeit, die eignen Gefühle. Man neigt dazu, sich gegenseitig Schuldgefühle zuzuschieben, indem man die eigenen Gefühle ignorieren möchte, die Gefühle, die einem manchmal wehtun. Deshalb und nur deshalb verzichten die Menschen auf die Wahrheit. Lieber ergeht man sich in seiner eigenen Opferrolle, schiebt dem anderen eine Schuld zu und ist dabei auch noch verletzend. Nur weil man den eigenen Schmerz nicht spüren möchte, verletzt man lieber den anderen, und dann vergisst man die eigenen Gefühle und das Gefühl für die Wahrheit. Nur wer das Gefühl für sich selbst verloren hat, für die eigene Wahrheit verloren hat, der lügt, betrügt und verletzt. Haben Sie schon einmal darüber nachgedacht, warum es so eine hohe Aggressivität in unserer Gesellschaft gibt? Angriff ist die beste Verteidigung. Lieber erst einmal den Angreifer mimen, damit man den eigenen nicht wahrnehmbaren Schmerz nicht spüren muss. Angreifer haben kein Gefühl mehr für die innere Stimme, für die eigene Wahrheit. Schmerz ist Schmerz, man kann ihn spüren, man kann ihn auch verdrängen, indem man wahllos Menschen verletzt oder angreift, die zufällig mal eben so da sind, Eskalation der Aggression ist dann nicht mehr weit entfernt. Hooligans lassen schön grüßen. Aber es gibt noch andere Verdrängungsmechanismen, nämlich indem man mal eben so das Opfer spielt. Das Opfer ist immer das Opfer. Wenn man z. B. mit der eigenen Unzulänglichkeit konfrontiert wird, ist es eher einfacher – so meint man –, die Opferrolle einzunehmen und Schuldzuweisungen zu verteilen, anstatt in sich zu gehen und die eigenen Gefühle auszudrücken. Manchmal ist das auch wirklich schwierig, nämlich dann, wenn man keinen Zugang mehr zum eigenen Gefühl hat. Was verbleibt, sind Schuldzuweisungen, und das ist in unserer Gesellschaft leider immer noch die am meisten verbreitete Art der Wahrnehmung. Schuldzuweisungen halten uns davon ab, unsere eigenen, total versteckten Gefühle wahrzunehmen. Es ist langsam mal an der Zeit, die eigenen Gefühle wiederzufinden, anstatt den anderen zu verletzen. Wahrnehmung der inneren Stimme, Wahrnehmung der eigenen Gefühle, Ausdruck der Gefühle in Wahrheit könnte dabei von wirklicher Sinnhaftigkeit sein. Wahrheit ist ein Symptom …

8. Die Klarheit

Mitunter ist es eine zwingende Notwendigkeit, eine Entscheidung zu treffen. Die Entscheidung zeichnet sich dadurch aus, dass man – je nachdem – mehrere Möglichkeiten hat, sich zu irgendetwas zu entscheiden. Wie kann man sich aber entscheiden, wenn man sich gar nicht entscheiden kann? Und dann fordert das Leben trotzdem eine Entscheidung. So ist das Leben! Das fängt morgens vor dem Aufstehen schon an: Bleibe ich noch etwas liegen oder stehe ich schon gleich auf usw., usf.? Beim Frühstück geht es weiter: Trinke ich Kaffee oder Tee, setze ich mich hin oder laufe ich hin und her, fahre ich mit dem Auto zur Arbeit oder eventuell mit dem Fahrrad usw., usf.? Sie merken schon, Entscheidungen stehen ständig an, und je nach Mentalität weiß man, was man will, oder meistens ist es so, dass man nur weiß, was man nicht will. Die Menschen wissen heute fast nur noch, was sie nicht wollen, und das mit aller Kraft. Wie geht es nur an, dass man immer nur weiß, was man nicht will? Haben die Menschen vergessen, was sie wirklich wollen? Wie kann man vergessen, was man will, wenn man genau weiß, was man will? Scherz beiseite, man könnte ja auch eventuell mal in die Versuchung kommen zu überlegen, was man wirklich will. Dazu müsste man auch mal wieder seinen Gefühlen nachgehen. Hat man überhaupt ein Gefühl für das, was man will? Wenn das so wäre, wäre es ganz einfach zu wissen, was man will. Aber – und so eine Tücke – jetzt kommt auch noch der Verstand mit ins ach so gemeine Spiel. Der Verstand übernimmt dann gemeinhin die Führung in diesem Spiel. Ohne Verstand hätte der Mensch überhaupt kein Problem, eine Entscheidung zu treffen. Tiere treffen innerhalb von Zehntelsekunden manchmal eine lebensrettende Entscheidung. Dazu ist der Mensch dank seines Verstandes leider nicht mehr fähig. Was macht nur der Verstand mit den Menschen? Der dreht alles so lange hin und her, bis man nur noch weiß, was eine Verstandesentscheidung ist, nämlich nicht mehr zu wissen, was man wirklich will. Wenn Sie Klarheit haben möchten bei einer ganz wichtigen Entscheidung, dann fragen sie doch einfach mal Ihr Gefühl. Kommt das Gefühl ins Spiel, herrscht meistens ganz schnell Klarheit, indem man weiß: Diese Entscheidung tut mir gut, so richtig gut. Ich höre schon die allgemeingültigen Widersprüche: Wer sich auf sein Gefühl verlässt, der ist verlassen! Nur zu, denn nur dann können Sie es niemals erfahren, wie gut es tut, wenn man als obersten Ratgeber sein Gefühl einsetzt. Gefühl bei einer Entscheidung kann fast immer sofortige Klarheit bringen, Klarheit über die Verstandeszerstreuung. Verstand will jenes, Gefühl braucht nur dieses: nämlich Klarheit. So einfach ist das und doch so schwer. Trauen Sie sich doch mal, Ihr Gefühl sprechen zu lassen, dann kann es passieren, dass es Ihnen sogar ganz leichtfällt zu wissen, was Sie wirklich wollen, sozusagen Klarheit haben. Klarheit ist nur ein Symptom …

9. Vertrauen

Manchmal kann es geschehen, dass es den Menschen an Vertrauen fehlt. Vertrauen zu anderen Menschen und vor allen Dingen Vertrauen zu sich selber. Vertrauen darin, Dinge zu schaffen, von denen man meint, sie nicht schaffen zu können. Kennen Sie auch dieses Gefühl von Unzulänglichkeit, von kompletter Vertrauenslosigkeit? Haben Sie sich auch schon manchmal gefragt: Warum bin ich nur immer wieder so misstrauisch? Warum kann ich anderen Menschen nicht einfach mal vertrauen, warum wittere ich in jeder nur erdenklichen Situation etwas Ungemach, etwas, was mich übers Ohr hauen könnte? Das kann schon auch einen zwanghaften Charakter annehmen oder eventuell zu einer ausgewachsenen Neurose führen. Warum haben die Menschen so etwas überhaupt nötig? Es wäre doch auch möglich und noch dazu gesünder für alle, ein Vertrauen aufzubauen in alles, was ist. Was ist denn überhaupt alles, was ist? Fragen über Fragen – und vielleicht auch dieses Mal wieder eine Antwort. Alles, was ist, ist alles so, wie es ist. Ob es nun gefällt oder nicht, die Entscheidung liegt ganz allein bei uns selber. Eine Sachlage ist immer nur eine Sachlage! Welche Bedeutung wir ihr geben, hängt ganz allein von unserer Einstellung zu dieser Sachlage ab. Manchmal kann es allerdings passieren, dass etwas anderes in eine Sachlage mit hineinspielt. Trauen wir uns zu, diese Sachlage völlig neutral zu akzeptieren, oder neigen wir dazu, diese Sachlage verstandestechnisch zu beurteilen? Der Verstand ist auch hier – wie so oft – der Irritator. Was kann der Verstand eigentlich nicht mehr verstehen? Verstandesmenschen neigen dazu, alles mit dem Verstand verstehen zu wollen, wo es mit dem Verstand nichts mehr zu verstehen gibt. Das nennen wir dann Beurteilung. Wenn nichts mehr geht, dann kommt die Beurteilung ins Spiel. Völlig neutral betrachtet wären wir gar nicht in der Lage, etwas zu beurteilen, was gar nicht zu beurteilen und im Endeffekt zu verurteilen ist. Alles ist so, wie es ist bei einer Sachlage, einfach nur so, wie es ist. Entweder wir akzeptieren dieses Geschehen so, wie es ist, oder wir beurteilen es, was letztendlich immer einer Verurteilung gleichkommt. Aber diese Verurteilung hat dann nur noch mit uns selber zu tun. Jeder neutrale Mensch ist in der Lage, jede Situation völlig neutral ohne Beurteilung zu akzeptieren. Aber wenn man sich das Leben schwer machen möchte, dann muss man eben beurteilen. In unserer Gesellschaft gibt es kaum noch Situationen, die neutral und völlig wertfrei akzeptiert werden. Jeder be- und verurteilt alles und jeden und, was am schädlichsten ist, immer sich selber und letztendlich nur sich selber. Gibt es überhaupt ein Entrinnen aus Be- und Verurteilung? Ja. Wie denn? Verurteilen Sie sich zuallererst selber nicht mehr. Danach und wirklich erst danach sind Sie in der Lage, jede Situation völlig neutral und wertfrei zu akzeptieren. Das wäre der erste und wichtigste Schritt, um aus der Beurteilungskiste herauszukommen. Was dann geschieht, könnte auch für Sie ein absolutes Aha-Erlebnis werden. Lassen Sie alle anderen Menschen so, wie sie sind. Jeder hat das Recht, so zu sein, wie er ist. Könnte er anders, als er kann, würde er anders können. Da er aber nicht anders kann, kann er nun mal nicht anders. Mehr nicht, aber auch nicht weniger.

Wenn man selber erst mal seine eigenen Schwächen akzeptiert und nicht mehr verurteilt, aber wirklich erst dann, ist man in der Lage, auch die Schwächen des anderen zu akzeptieren ohne Verurteilung. Das wäre für alle Menschen auf Erden die totale Erleichterung. Nicht mehr beurteilen, nicht mehr werten zu müssen, welch eine Gnade. Hilfreich ist es sowieso. Hilfreich für alle Beteiligten. Menschen müssen nicht mehr beurteilen müssen. Was sagt Ihr Verstand dazu? Erleichtert? Hat er mal eine kleine Pause vom ständigen Dienst? Kann er sich mal zurückziehen und dem Gefühl die Oberhand lassen? Wenn das Gefühl in einer neutralen Situation zugelassen wird, kann es sogar geschehen, dass man Mitgefühl für denjenigen empfindet, den man meinte, verurteilen zu müssen. Das erfordert aber auch, dass man Vertrauen zu sich selber hat, Vertrauen zum eigenen Gefühl. Vertrauen ist nur ein Symptom …

10. Die Kommunikation

In zurückliegenden Zeiten soll es tatsächlich Menschen gegeben haben, die noch miteinander geredet haben, das nennt man heute Kommunikation. Man kommuniziert tatsächlich mittels PC und ist der Ansicht, man übe sich in zwischenmenschlichem Miteinander. Jeder kommuniziert mit jedem, man surft und surft, bis man nicht mehr aufhören kann zu surfen. Surfen ist heute mehr denn je eine zwingende Notwendigkeit geworden. Welche Not möchte man denn damit abwenden? Notwendigkeit bedeutet: die Not, an der man leidet, abwenden zu wollen. Welche Not ist das denn? Könnte es sein, dass man in seiner Not lieber surft, als sich in wirklicher Kommunikation zu üben? Könnte es sein, dass man vergessen hat, miteinander zu reden? Es gab Zeiten, da hat es noch keinen PC gegeben. Da war es eine Notwendigkeit, einfach miteinander zu reden. Das waren sicherlich auch nicht immer nur weltbewegende Dinge, über die man redete. Nur man redete wenigstens, und das miteinander. Da gab es sogar noch Gespräche über den Gartenzaun. Im urbanen Leben ist das heute nicht mehr vorstellbar. Einer kennt den anderen nicht im urbanen Leben, selbst Mitbewohner größerer Gebäude werden nicht mehr wahrgenommen. Was für ein schönes urbanes Leben! Nichts bitte gegen Städte, aber gegen die allgegenwärtige Anonymität der Städte. Menschen sind von Natur aus keine Einzelgänger, sondern kommunikative Wesen. Sie sind darauf angewiesen, sich auszutauschen, ihre Befindlichkeiten mitzuteilen. Wie denn nur, wenn man sich gar nicht mehr kennt, wenn man verlernt hat, miteinander ins Gespräch zu kommen? Wie kann man denn nur miteinander ins Gespräch kommen? Einfach mal anfangen, es soll auch heute noch Menschen geben, die sich durch ein Gespräch näher kennenlernen, die Freude haben, miteinander zu reden. Freude ist ein Symptom, ein Symptom dafür, dass man noch etwas fühlen kann. In einem freudigen Gespräch kann es durchaus passieren, dass man seine eigenen Gefühle zum Ausdruck bringen kann. Ein wahrhaftig gutes Gespräch hat den Sinn, etwas zum Ausdruck zu bringen, was man nicht immer nur für sich behalten möchte. Es hat eventuell sogar eine entlastende Funktion. Wenn man einmal darüber redet, wie es einem so geht, wie man sich so fühlt im Leben, so wirklich fühlt im Leben, dann kann das entlasten. Es kann aber auch belasten, wenn man noch mitfühlen kann, falls es dem anderen einmal nicht so wirklich gut geht. Das sind die wahrhaft guten Gespräche, das ist wahrhaftige Kommunikation. Kommunikation ist nur ein Symptom …

11. Die Leidenschaft

Unsere Gesellschaft besteht Gott sei Dank auch heute noch aus Menschen, die einer Leidenschaft nachgehen. Diese Menschen haben den Vorteil, dass sie in puncto Leidenschaft genau wissen, was sie wollen. Der Trieb zur Leidenschaft hat dabei absolut nichts mit dem Verstand zu tun. Wenn man etwas wirklich möchte, so richtig von Herzen möchte, kann es geschehen, dass der Verstand außen vor bleibt. Welch ein Geschenk! Da muss man nicht mehr überlegen, was man will, da weiß man einfach vollautomatisch, was man will! Das ist einem sozusagen in die Wiege gelegt worden. Selbst im höheren Alter wird diese Leidenschaft, diese wirkliche Leidenschaft, dann immer noch ausgeübt. Darüber freuen sich alle Menschen, die einer Leidenschaft frönen. Dabei kann man dann endlich mal machen, was man wirklich will. Stunden vergehen, die Zeit läuft sozusagen dahin, und man hat einen Riesenspaß dabei. Kann es sein, dass die Leidenschaft eine Rettungsinsel für alle ist, die noch in der Lage sind, ihrem Gefühl nachzugehen? Gratulation allen Menschen, die noch fähig sind, Gefühle wahrzunehmen, und sich noch den Spaß machen, sie zu leben. Das kann heute leider nicht mehr jeder. Für viele ist es einfach ein bisschen zu schwierig geworden, das traute Sofa und den Bildschirm zu verlassen, um sich selber eine Freude zu machen. Selber tun macht Freude, auch heute noch, aktiv sein, sich bewegen, eventuell dem Hobby frönen. Da verliert alles andere plötzlich an Bedeutung, weil alle anderen Probleme in den Hintergrund rücken müssen. Einfach mal abschalten von den Problemen und sich einer Leidenschaft hingeben, das macht Freude. Dazu sind die meisten Menschen heute leider nicht mehr fähig. Warum denn nicht? Weil man vergessen hat, wie das geht, sich eine Freude zu bereiten. Leidenschaft ist Freude, ist richtige Freude, wenn man etwas vollbracht hat, von dem, was man wirklich will. Leidenschaft ist nur ein Symptom …

12. Die Verantwortung

Da wir heute in einer Gesellschaft leben, in der es ständig um irgendwelche Schuldzuweisungen geht, könnte man auf die Idee kommen zu fragen: Hat das etwas mit unserer Gesellschaft zu tun? Was lassen wir uns in dieser Gesellschaft überhaupt alles antun; oder besser noch, was tun wir uns eigentlich in dieser Gesellschaft selber an? Wenn jeder auf jeden die Schuld abwälzt, wo bleiben da die neutralen Versteher, die nämlich, die keine Schuld abwälzen, die völlig neutral dazu stehen, dass im menschlichen Leben nicht immer alles so läuft, wie es eigentlich laufen sollte. Es gibt tatsächlich auch Menschen – ich nenne sie neutrale Versteher –, die es sich und anderen erlauben, Fehler zu begehen. Da wir hier auf Erden leider noch immer in der Dualität leben müssen, ist das Gegenteil von richtig eben mal falsch. Haben Sie eventuell auch schon mal etwas falsch gemacht? Kann es sein, dass Sie dabei die Verantwortung dafür auch schon mal jemand anderen zuschieben wollten? So geht das bei uns in unserer Gesellschaft leider meistens zu. Die Verantwortung für alles, was einem geschieht, selber zu übernehmen ist eine große Herausforderung an unsere Selbstwahrnehmung. Wie nehmen wir uns überhaupt selbst wahr? Kann es passieren, dass man dabei etwas Kurzsichtigkeit walten lässt? Eine Brille, eine Klarsichtbrille, wäre manchmal vonnöten. Niemand ist fehlerfrei, niemand auf der großen, schönen Erde! Wenn man das einmal verstanden hat – wirklich verstanden hat –, ist man auch bereit, einmal genauer hinzugucken. Um was geht es eigentlich auf dieser großen, schönen Erde? Darum, sich selbst und anderen das Leben zu erschweren oder eventuell zu erleichtern? Es gibt Menschen, die haben es verstanden, die sind tatsächlich bereit – und es werden immer mehr –, sich das Leben leichter zu gestalten, indem sie Verantwortung für ihr ganzes Leben übernehmen. Das ist alles andere außer schwer! Schwer ist es nur, sich sein Leben zu erschweren. Leicht ist es, sich sein Leben ganz einfach zu erleichtern. Ja, wie denn? Ja, wieso denn? Weil es ganz einfach Sinn macht! Verantwortung heißt das Rezept, Verantwortung übernehmen für alles, was im ganzen Leben geschieht. Es mag vorkommen, dass man Fehler macht – das ist nun mal so im Leben –, aber dann ist der Zeitpunkt gekommen, auch dafür geradezustehen, sprich Verantwortung für das eigene Tun zu übernehmen. Das bedeutet aber noch einiges mehr, indem man sich nämlich so annimmt, wie man eben nun mal ist, mit all seinen Fehlern. Fehler machen alle Leute. Nur kann man sich selber Fehler leisten? Ja und nochmals ja aus vorher genannten Gründen! Das hat etwas mit Selbsterkenntnis zu tun, Erkenntnis, dass man tatsächlich auch Fehler machen darf. Ja, das darf man, warum denn auch nicht? Nur sollte man danach auch bereit sein, die Konsequenzen zu tragen oder auch zu ertragen. Mehr nicht, aber auch nicht weniger. Wenn alle Menschen danach handelten, wäre das Leben auf unserer großen, schönen Erde ein wenig leichter. Damit aber noch nicht genug. Man hat auch ganz allgemein und immer die Möglichkeit, Verantwortung für das ganze Leben zu übernehmen, indem man das auch einfach tut. Leben in Verantwortung heißt, für alles, was ist, die Verantwortung zu übernehmen. Das hört sich leichter an als gesagt, mögen Sie nun vielleicht denken. Das ist es auch – wirklich. Indem man sich bekennt zu allem, was ist. Wie geht das denn? Alles, was ist, ist entweder oder oder! Oder es ist entweder und oder. Je nach Geschmack, wenn man es sich leichter machen möchte, und ich gehe davon aus, dass manche Menschen in der Lage sind, es sich leichter machen zu wollen, dann gibt es nur die Möglichkeit, entweder und oder, was im Klartext bedeutet: sowohl als auch. Sowohl als auch erfordert keine Entscheidung, ist also völlig neutral. Diese Neutralität könnte man auch in der eigenen Verantwortung walten lassen, und zwar alles so nehmen, wie es nun mal ist. Protest, Protest!!! Letztendlich aber – und das weiß jeder in unserer quantenphysikalisch angehauchten Gesellschaft – bekommt jeder das, was er verdient. Was verdient er denn? Universelles Gesetz besagt Folgendes: Alles, was der Mensch aussendet, also denkt und tut, kommt auch wieder zu ihm zurück. Mit anderen Worten, wer Gutes aussendet, bekommt auch Gutes zurück, umgekehrt funktioniert es allerdings ebenfalls. Wer Schlechtes aussendet, bekommt auch Schlechtes zurück. So weit, so gut – oder so weit, so schlecht. Wer beurteilt nun wieder, was gut oder was schlecht ist? Gibt es da eventuell einen neutralen Versteher? Versteht der das alles, so wie es ist? Können Sie immer alles verstehen, so wie es ist? Genau darum geht es, wenn man die Verantwortung für das ganze eigene Leben

übernimmt! Weder Schuldzuweisung noch Opfer-
denken, sondern neutrale Akzeptanz, all dessen, was
ist. Das kann und es wird eine andere Qualität in
das ganze Leben bringen. Wenn Sie dazu bereit sind,
dann fangen Sie einfach mal an. Verantwortung zu
übernehmen ist nur ein Symptom …

13. Die Angst

Haben Sie eventuell auch ein wenig Angst vor dieser anderen Qualität in Ihrem Leben? Wenn nicht, dann überschlagen Sie diesen Artikel mal einfach so. Andernfalls möchte ich Ihnen Mut machen, Ihr Leben bewusst in Verantwortung zu leben. Voraussetzung dafür ist nur die Erkenntnis, dass Ihr Leben dadurch leichter werden könnte. Wenn das so ist, dann nur immer weiter so. Alles, was geschieht, geschieht zur persönlichen Weiterentwicklung. Oftmals wird es uns als Problem serviert. Dabei sind diese Probleme im Nachhinein die größten Geschenke überhaupt gewesen. Auch wenn es in dieser jeweiligen Situation nicht als solches erkannt werden kann. Probleme sind letztendlich Geschenke! Haben Sie das auch schon mal so sehen können? Wenn man nämlich ein Problem gelöst hat, kann man auch erkennen, dass man richtig viel dabei lernen durfte, nämlich, dass man lernen durfte, sich aus dieser Situation wieder herauszubefördern, in die man sich hineinbefördert hatte. Manchmal darf man auch dabei erkennen, dass so etwas nicht rein zufällig geschieht, dass es auch eventuell mit diesem universellen Gesetz in Verbindung steht, das besagt: jedem das Seine! So schwer ist das Leben, wenn man es sich nicht erleichtert. Vielleicht ein kleiner Denkanstoß: Es könnte nützlich sein, jeden Menschen und jedes Lebewesen so zu behandeln, wie man selber behandelt werden möchte. Wenn das so wäre, hätten alle, wirklich alle, nicht nur keine Probleme, sondern das Paradies auf Erden.

Dieses Tun beginnt allerdings im Kopf. Mit unseren Gedanken bestimmen wir bekannterweise unsere Handlungen. Negatives Denken löst negatives Tun aus, positives Denken löst positives Tun aus. Sind Sie fähig, Ihre Gedanken so weit zu kontrollieren, dass Sie positiv handeln dürfen? Gedanken bestimmen unser Leben, unser ganzes Leben. Hegen Sie gute Gedanken, kommt mit Sicherheit Gutes zu Ihnen zurück! Hegen Sie schlechte Gedanken, ja dann??? Hegen Sie mal wieder gute Gedanken. Wenn man bedenkt, was schlechte Gedanken anrichten können, dann kann man schon mal Angst bekommen, Angst vor den eigenen schlechten Gedanken. Das kann richtig Angst machen. Angst ist nur ein Symptom …

14. Die Aggression

Es gibt noch eine andere Variante der Angst, nämlich die Variante, die eigenen Gefühle nicht mehr kontrollieren zu können. Das kann nämlich richtig Angst machen. Aggressive Gefühle werden negativ bewertet in unserer aufgeklärten Gesellschaft, und alles, was negativ bewertet wird, hat keine Existenzberechtigung. Schlechte Gefühle – und aggressive Gefühle sind schlechte Gefühle – haben keine Daseinsberechtigung und dürfen folglich auch nicht gelebt werden. Und dann hat man doch mal schlechte Gefühle. Was nun? Die guten ins Töpfchen, die schlechten ins Kröpfchen – und das so lange, bis man sie nicht mehr schlucken kann. Dann und wirklich erst dann muss etwas anderes passieren, weil man sich sonst erbricht. Es gibt dann nur noch eine Möglichkeit, was man landläufig als »Dampfablassen« bezeichnet. Was lange gärt, wird endlich Wut. Das haben sicherlich schon alle am eigenen Leib erfahren dürfen. Da kommt plötzlich aus heiterem Himmel etwas, was man nicht mehr schlucken kann, meistens nur eine winzige Kleinigkeit. Aber genau diese Kleinigkeit ist ein willkommener Anlass, nun einmal ganz unkontrolliert Dampf abzulassen. Da läuft etwas über, was endlich nicht mehr zugedeckt werden kann. Welche Befreiung! Aber für wen denn? Für jemanden, der es nicht gelernt hat, richtig gut für sich zu sorgen. Würde er das tun, wäre dieser Ausbruch nicht notwendig. Die eigenen Gefühle – auch die beurteilten sogenannten schlechten Gefühle – möchten gelebt werden, ehe sie überlaufen, diese schlechten Gefühle. Es wäre auch hier sinnvoll, den eigenen Gefühlen mehr Beachtung zu schenken, sich sozusagen selbst besser zu behandeln. Erst dann und wirklich nur dann ist man in der Lage, jeden anderen so zu behandeln, wie man selbst behandelt werden möchte. Seine Aggressionen zu leben, ehe sie Wut werden und sich ihren Ausbruch verschaffen, könnte durchaus von Nutzen sein für alle Menschen auf dieser großen schönen Erde. Aggression ist nur ein Symptom …

15. Die Depression

Wenn es Ihnen gelingt, Ihre aggressiven Gefühle zu leben, indem Sie sie rauslassen, sind Sie in der guten Situation, eine depressive Verstimmung zu vermeiden. Eine depressive Verstimmung hat immer mit ungelebten Aggressionen zu tun. Halten Sie das auch für möglich? Wenn ja, dann können Sie auf jeden Fall eine Depression vermeiden. Depression ist verdeckte Aggression, nicht gelebte Aggression. Die wirklich gelebte Aggression ist leider immer noch so selten verbreitet, dass die Menschen damit auch nicht wirksam umgehen können. Hat Ihnen schon einmal jemand offen und ehrlich seine Aggression gezeigt? Offen und ehrlich, wie geht das denn? Ja, so etwas gibt es. Können Sie, wenn Sie sich ärgern, Ihrem Gegenüber offen und ehrlich mitteilen, dass Sie sich ärgern, ärgern z. B. über eine Äußerung Ihres Gegenübers? Ist Ihnen das schon einmal völlig wertfrei gelungen? Wertfrei ist wertfrei ohne Beurteilung des Gegenübers. Einfach mal sagen dürfen, dass eine Äußerung des Gegenübers einen persönlich getroffen hat, eventuell sogar ärgert: »Deine Äußerung hat mich getroffen, ärgert mich sogar! Wieso tust du das?« Haben Sie so etwas schon einmal gewagt? Wer wagt, kann nur gewinnen. Wenn man sich allerdings um des lieben Friedens willen verbietet, seine Gefühle zu äußern, muss man sich nicht wundern, wenn man immer aggressiver und aggressiver wird. Dann fährt man irgendwann – wie schon besprochen – aus der Haut. Das ist dann nicht immer nur schädlich für die eigene Gesundheit, wenn man es schafft, sich für das aggressive Verhalten zu entschuldigen. So etwas ist durchaus auch üblich und möglich.

Wenn aber um des lieben Friedens willen gar keine Aggressionen nach außen gelassen werden, ist der Weg in eine Depression geebnet. Diese ungelebten Aggressionen sind eine höchst schädliche Energie. Gefühle sind immer Energie, und Energie strebt danach, sich zu verwirklichen. Energie hat ein hohes Potenzial. Ungelebtes Gefühl ist ungelebte Energie. Wohin nun aber mit dieser ungelebten Energie, wenn sie nicht gelebt wird, wenn sie nicht rausgelassen wird? Der Körper ist immer bemüht, jede Form der Energie irgendwie zu verwerten, aggressive Gefühle müssen irgendwo hin. Wohin denn nur, wenn man sie nicht rauslässt? In seiner Not kommt der Körper auf die geniale Idee, diese Energie so zu verwerten, dass er sie sozusagen gegen sich selber arbeiten lässt. Dann kann man nämlich seine Gedanken nicht mehr kontrollieren. Depressive Menschen haben negative Gedanken, quälen sich sozusagen selber. Negative Gedanken können krank machen. Depression ist eine schwerwiegende Krankheit. Depression ist nur ein Symptom …

16. Die Krankheit

Wenn im Leben alles so liefe wie vorgesehen, bräuchte man nicht krank zu werden. Die Depression ist eine psychische Erkrankung. Psychische Erkrankungen brauchen keine Übersetzung. Wenn die Psyche spricht, dann versteht das jeder. Wenn aber die Psyche überhört wird, dann kann es geschehen, dass der Körper nicht mehr so funktioniert, wie er eigentlich sollte. Die Regelmechanismen des Körpers hängen leider von der jeweiligen Befindlichkeit des Menschen ab. Ist die Befindlichkeit eine schlechte, kann man davon ausgehen, dass der Körper in irgendeiner Form reagieren muss. Das nennen wir dann Krankheit! Auch darüber wurden schon ganz viele Bücher verfasst. Für Krankheiten gibt es aber auch noch eine Vielzahl von anderen schwerwiegenden Gründen. Einer der vielen Gründe ist dabei die Schwermetallbelastung, denn heutzutage gibt es sehr, sehr viele Gründe, Schwermetallbelastungen zu haben. Der schwerwiegendste ist leider auch heute noch die Amalgambelastung. Auch wenn man selber keine Zahnfüllungen mehr aus Amalgam hat, ist es von bekannten Forschern nachgewiesen worden, dass diese Belastung genetisch weitergegeben wird. Die Quecksilberbelastung verändert die DNA-Strukturen. Das könnte man auch Genmanipulation nennen. Doch – Gottlob – gibt es heute eine Möglichkeit, diese Belastungen, diese Manipulationen auszuleiten bzw. zu korrigieren. Das ist mit der bioenergetischen Medizin durchaus möglich und üblich. Aber auch andere Metallbelastungen hinterlassen Spuren im Körper, vorwiegend in Leber und Nieren, und wenn die nicht mehr richtig gut arbeiten können, werden die Metalle in den Gelenken und leider auch im Gehirn – Alzheimer lässt schön grüßen – deponiert. Aber – welch frohe Botschaft – auch diese gespeicherten Metalle können durch bioenergetische Modulation ausgeleitet werden. Das weist man heute anhand von Blutuntersuchungen nach.

Weniger schwerwiegend aber dennoch stark belastend sind Infektionen durch Viren, Bakterien, Pilze, Protozoen und Parasiten. Da die Schulmedizin bei Infektionen an ihre Grenzen stößt – viele Antibiotika sind bereits wirkungslos oder unverträglich –, bietet sich auch in diesen Problemfällen, wie bereits besprochen, die Biomodulation an, eine ganz hervorragende Therapieform auch bei Borreliose. Diese infektiöse Zeckenbisserkrankung ist bis dato in der Schulmedizin leider immer noch nicht heilbar. Können Sie sich vorstellen, dass so etwas funktionieren könnte? Wie der Name des Gerätes schon sagt, nur auf energetischem Wege? Da stößt der Mensch mit seiner Denke an Grenzen. Was aber sind denn Gedanken? Haben Gedanken etwas mit Energie zu tun? Diesen Gedanken wollen wir mal nicht weiterspinnen. Sonst könnte man noch auf den Gedanken kommen, dass Energie etwas bewirken kann, auch als Therapieform. Selbst Pilze, Protozoen und Parasiten finden diese energetische Behandlung höchst unangenehm, indem sie sich nämlich einfach verabschieden, verabschieden aus sämtlichen Körpergeweben. Das nennt man Entgiftung des ganzen Systems. Erst wenn das ganze System entgiftet ist, kann es wieder richtig gut funktionieren. Und wenn es dann wieder richtig gut funktioniert, wird es wieder vergiftet. Es wäre vonnöten, dass die Menschen sich gedanklich mal auf einen anderen Nenner bringen. Nämlich auf den, Fakten zu benennen, damit es ihnen wieder gut geht. Das geht ganz einfach, indem man seine Gedanken erkennt und benennt, in der Form: Hege ich gute oder hege ich schlechte Gedanken? Wenn ich denn gute Gedanken hege, freut es den Körper und das ganze System. Das ganze System ist nicht nur das körperliche System, sondern auch das psychische, wobei sich der Kreis letztendlich wieder schließt. Psyche und Soma sind sozusagen doch etwas enger miteinander verknüpft, als man es manchmal gerne hätte. Soma ist nicht Psyche, aber Psyche ist immer auch Soma. Der Körper ist der Ausdruck der psychischen Verfassung, Ausdruck der Gedanken. Würde man ausschließlich nur gute Gedanken hegen, würden sich sowohl die Psyche als auch der Körper ständig und unendlich wohlfühlen. Wohlfühlen ist ein Ausdruck für gesunde Gedanken. Nur in einem gesunden Körper herrschen gesunde Gedanken, herrscht eine gesunde Psyche. Krankheit ist nur ein Symptom …

17. Die Erkenntnis

Hat man die körperliche Erkrankung als Ausdruck der Psyche erkennen können, wäre es von größter Bedeutung, dieser Erkenntnis auch Folge zu leisten. Die Mehrheit der Bevölkerung konsultiert bei Ausbruch einer Krankheit bekanntermaßen die Ärzteschaft. Diese Ärzte sind dann zur Hilfeleistung gesetzlich verpflichtet, und das ist auch gut so. Es wäre allerdings sehr sinnvoll, bei einer körperlichen Erkrankung auch seine psychische Befindlichkeit zu hinterfragen. Jede, aber auch jede Krankheit hat eine psychische Ursache. Wie kann denn eine Grippe, deren Ursache bekannterweise eine Virusinfektion ist, eine psychische Ursache haben? Das kann ja wohl nicht wahr sein oder nur die halbe Wahrheit. Und so ist es auch. Die halbe Wahrheit aber ist ursächlich wirklich die Psyche. Es gibt immer wieder Menschen, die selbst bei der größten Grippeepidemie gesund bleiben. Wie machen die das? Das Immunsystem ist eine Messlatte der Befindlichkeit des Menschen. Geht es dem Menschen gut, dann hat er ein gutes Immunsystem. Geht es dem Menschen schlecht, dann hat er auch ein schlechtes Immunsystem. Ein gutes Immunsystem ist in der Lage, eingedrungene Keime sofort und ohne Befindlichkeitsstörung zu vernichten. Ein schlechtes Immunsystem kann diese eingedrungenen Keime ein bisschen schlechter vernichten. Fieber ist nur ein Symptom, Gliederschmerzen sind auch ein Symptom, Kopfschmerzen und Augenschmerzen kommen eventuell noch dazu. Eine

Grippeerkrankung ist ein Symptom für ein schlechtes Immunsystem …

Hat man das einmal so erkennen können, könnte man zu der Erkenntnis kommen, der Psyche eine größere Bedeutung beimessen zu wollen. Konnten Sie das bei einer Grippeerkrankung auch schon einmal so erkennen? Wenn ja, haben Sie wirklich eine bemerkenswerte Erkenntnis gehabt! Letztendlich ist immer die Psyche verantwortlich für die Gesundheit des Menschen. Nur eine gesunde Psyche – ein gesundes Gefühl für die eigene Befindlichkeit – kann jede Erkrankung verhindern. Mangelnde Erkenntnis hat Krankheitssymptome zur Folge. Diese Symptome sind nur ein Symptom …

18. Die Veränderung

Nachdem erkannt werden durfte, was wirklich Krankheit zuwege bringen kann, hat man tatsächlich die Möglichkeit, die wahren Ursachen einer jeden Erkrankung auch abzustellen. Die Gedanken zu verändern ist allerdings doch nicht ganz so einfach. So manche Gedanken sind leider schon zum Selbstläufer geworden. Man hat sich sozusagen selbst programmiert. Das nennt man heute Glaubensmuster. Diese Glaubensmuster (sie haben nichts mit Religion zu tun) sind zum Teil durch Erziehung schon mitgegeben oder auch selbst erworben. Jeder hat seinen individuellen Schatten oder besser gesagt seine Glaubensmuster. Manche Glaubensmuster beinhalten doch tatsächlich Beurteilung. Ja, wie denn, wieso denn? Meine Eltern waren stets fleißig, also Eltern haben fleißig zu sein. Mein Bruder hat mich ständig geärgert, also alle Brüder ärgern ihre Geschwister. Alle Chefs wollen ihre Untergebenen nur bevormunden, Politiker sind alle korrupt usw. Möge jeder erkennen, welche Glaubensmuster er hegt und pflegt. Gedeihlicher wäre es allerdings, diese Behinderungsmuster aus dem Dunkeln ins Licht zu holen. Versuchen Sie mal einen Tag lang, Ihre Muster zu erkennen in jeder Situation. Bald werden Sie sich wundern, wie viele Muster Sie im Kopf haben, und Sie werden sich noch mehr wundern, weil diese Muster fast nur aus Beurteilungen bestehen. Eltern z. B. sind, sie sind weder fleißig noch faul, Brüder sind, sie sind weder nur ärgerlich noch nur freundlich. Alles, aber wirklich alles kommt nur auf den eigenen Standpunkt an. Da in der Subjektivität etwas so oder so sein kann, müsste es doch auch möglich sein, subjektiv etwas neutral akzeptabel zu machen. Eltern sind sowohl fleißig als auch faul, Brüder sind sowohl ... Sie haben immer die Möglichkeit, Ihre Glaubensmuster zu verändern. Diese Veränderung bringt Veränderung in Ihr ganzes Leben. Mangelnde Veränderung hat mitunter Krankheitssymptome zur Folge. Symptome sind nur ein Symptom ...

19. Die Bewusstheit

Gedanken haben eine Verbindung zu unserem Unterbewusstsein. Gedanken werden unbewusst auch von unserem Unterbewusstsein gesteuert. Wenn es uns gelingt, die Glaubensmuster aus dem Unterbewusstsein herauszuholen, damit sie ins Bewusstsein gelangen können, ist ein wichtiger Schritt zur Veränderung getan. Nur wenn etwas bewusst wird, kann es auch verändert werden, sozusagen umprogrammiert werden. Dazu kann sich jeder Mensch dann ganz bewusst entscheiden. Mitunter braucht man dabei eine Hilfestellung, da niemand seinen eigenen Schatten erkennen kann. Fragen Sie einmal Ihre Mitmenschen, die können Ihnen genau sagen, wo Ihre Schatten sind. Schatten liegen im Schatten, sie sind für Betroffene leider nicht zu erkennen. Neutrale Berater können diese Schatten professionell aufdecken. Aber das braucht der normale Mensch gar nicht, denn der bräuchte nur auf seine Gefühle zu hören. Bewusstheit ist nur ein Symptom …

20. Die Religion

Die Religion ist etwas, was der Mensch in seinem Leben auch nutzbringend anwenden kann. Religion hat absolut und gar nichts mit Konfession zu tun. Konfession ist in unserer Gesellschaft mit Machtausübung verbunden, bei der den Menschen gesagt wird, was sie zu tun bzw. zu lassen haben. Christlicher Glaube hat ganz viel Unheil in der Welt angerichtet, und das alles im Namen Jesu Christi. Kann es eventuell sein, dass Jesus das gar nicht so wollte? Unserer Erkenntnis nach hat er immer von Frieden geredet und von Freude. In der Bibel wurden ganze Kapitel des »Neuen Testaments« von Menschen über das Leben dieses Mannes namens Jesus geschrieben. Es haben doch tatsächlich Menschen diese Bibel geschrieben, Menschen, die zu Lebzeiten dieses Menschen Jesus gar nicht gelebt haben. Können Sie sich vorstellen, über einen Menschen zu berichten, den Sie gar nicht mehr gekannt haben? Die Apostel haben erst 50–80 Jahre später als Jesus gelebt. Könnte es sein, dass dabei schon mal irgendetwas durcheinandergeraten sein könnte? Hat Jesus jemals gesagt, dass er Gottes Sohn ist? Er hat immer nur gesagt, mein Vater und ich sind eins. Könnte es sein, dass dieser Mensch Jesus eine große gedankliche Verbindung zu Gott hatte, sozusagen eine prophetische Begabung? Es gibt heute noch Religionsformen, die Gott verehren und Jesus einzig und alleine als Propheten betrachten. Auch eine schöne Variante. Gottes Prophet zu sein ist schon etwas ganz Besonderes. Dazu war er schließlich auch gekommen. Man könnte meinen, das wäre seine Lebensaufgabe gewesen. Das erkennen diese Religionsformen auch so an.

Wenn heute jemand ein Buch über Jesus schreibt, dann ist er leider auf Überlieferungen angewiesen, wie damals auch schon. Jesus hätte das Evangelium doch auch selber schreiben können, er soll des Schreibens durchaus mächtig gewesen sein. Oder hat er einfach nur das Wort Gottes verkünden wollen? Fragen über Fragen. Fest steht einzig und allein: Die Bibel, und zwar die ganze Bibel, wurde von Menschen geschrieben, von Menschen, die bekanntlich nicht fehlerfrei sind und auch damals schon fehlbar gewesen sein sollen. Als autonom denkender Mensch könnte einem das ein wenig zu denken geben. Das Christentum ist auf menschlichen Überlieferungen aufgebaut. Man dürfte durchaus auch denken können, dass so manche Passagen menschlich geprägt sind, was bedeutet, dass Menschen diesen Passagen ihren Stempel aufgedrückt haben könnten. Das nennt man heute Manipulation. Die Manipulationen der Konfessionen kamen zu späteren Zeiten noch hinzu. Es wurde ein bisschen hier gestrichen und da hinzugefügt, je nach Belieben und Geschmack des jeweiligen Kirchenoberen. Heute ist das völlig anders. Da nimmt man alles so hin, wie es eben mal irgendwann geschrieben wurde. Kritik ist auch heute noch völlig unwillkommen. Es könnte ja etwas zusammenfallen, was man sich mühsam konstruiert hat! Das Christentum steht auf wackeligen Beinen. Man darf so einige Dinge nicht mal so einfach hinterfragen. Aber, die frohe Botschaft: Jesus lebt. Wenn auch nicht unter uns, so wenigstens über uns, und je nach Belieben heilt er unsere Sünden, wenn wir Christen sind, oder er heilt sie nicht. Da muss man doch einfach ein Christ sein, oder man landet unweigerlich in der Hölle. Diese Variante brauchen Christen nicht zu erleben, wenn sie denn Jesus über sich haben. Jesus ist der Retter der Christen. Können Sie sich vorstellen, dass Gottes Sohn nur Christen errettet? Wo bleibt da die Gleichheit vor Gott, dem Schöpfer aller Menschen und dem Schöpfer aller Kreatur, der Erde und des ganzen Universums? Hat Gott überhaupt dabei auch noch ein Wort mitzureden? Als gottgläubiger Mensch können einem da doch erhebliche Zweifel kommen. Menschen dürfen glauben, was immer sie wollen, sie dürfen auch nicht glauben, wenn sie wollen. Jeder nach seinem Geschmack. Nur Christen haben leider keine Wahl. Als Christ muss man Jesus anbeten, einen Menschen namens Jesus. Möge man glauben, was man will, Religion ist die wahre Rückverbindung zur ganzen Schöpfung, hat nichts mit irgendeiner Form der Unterdrückung zu tun. Jeder Mensch kann eine Verbindung haben zur Schöpfung oder auch nicht. Religion ist nur ein Symptom …

21. Der Glaube

Da die Religion die Rückverbindung sozusagen zum Schöpfer ist, hat sie zweckgebunden nicht nur, sondern immer mit der Spiritualität zu tun. Was ist denn in der heutigen Gesellschaft überhaupt noch Spiritualität? Hat sie eventuell etwas mit Energie oder mit Gedanken zu tun? Eventuell auch etwas mit Danken oder mit Glauben? Das eine schließt das andere bekannterweise ein. Wenn man nämlich danken kann, dann kann man auch glauben, dass es einen Grund für Dankbarkeit gibt, und wenn man glauben kann, dann gibt es unendlich viele Gründe, dankbar zu sein. Spiritualität ist gelebter Glaube. Wenn man glauben kann, hat man eine Verbindung zu allem, was ist. Alles, was ist, ist auch und immer wieder Gott. Mögen Sie den Schöpfer des ganzen Universums nennen, wie Sie wollen, es gibt unendlich nur einen Gott für alle Menschen. Glaube ist nur ein Symptom …

22. Der Zweifel

Zweifel entstehen immer dann, wenn man überzeugterweise nicht an Gott und schon gar nicht an sich selber glauben kann. Zweifeln dürfen wir an uns selber und auch an Gott. Manchmal ist es ja auch wirklich zum Verzweifeln. Gott macht immer zu wenig und immer weniger, als man von ihm eigentlich erwarten könnte. Man selber tut immer zu viel ohne eine positive Rückmeldung. Weder die Menschen noch Gott anerkennen die wahren Qualitäten, die so in einem stecken und die man doch so gern nach außen dringen lassen möchte. Wenn man sich schon selber nicht mag (liebt), sollten doch wenigstens die anderen erkennen dürfen, wie wertvoll oder besser gesagt liebenswert man doch eigentlich und überhaupt so ist. Deshalb ackert und rackert man um Anerkennung von außen, wo es gar nichts zum Anerkennen gibt. Wie sollen andere Menschen etwas anerkennen können, was in einem steckt, wenn man dazu ganz offensichtlich selbst nicht in der Lage ist. Selbstzufriedene Menschen sind mit sich selbst zufrieden, brauchen keineswegs Anerkennung von außen, weder von Menschen noch von Gott. Woher haben die nur diese Selbstzufriedenheit? Sie hören ganz einfach auf ihr Gefühl und nehmen die eigenen Bedürfnisse wahr. Haben Sie selbst schon mal Ihre Bedürfnisse wahrgenommen und Ihre Bedürfnisse dann auch erfüllen dürfen? Da kommt dann eine gewisse Zufriedenheit auf mit sich selber. Nicht das Ackern und Rackern für andere, sondern die Anerkennung der eigenen Bedürfnisse, der eigenen Qualitäten bringt Liebe zu sich selbst hervor. Wenn Sie allerdings zweifeln an Ihren eigenen Fähigkeiten, dann rackern und ackern Sie ungetröstet weiter. Diese Selbstaufopferung nennt man heute Helfersyndrom. Sollten Ihnen Zweifel kommen an der Dankbarkeit andere Menschen, weil sie Ihnen nicht genug Anerkennung zollen, dann fragen Sie sich selber, ob Sie sich denn genug anerkennen können, ob Sie eventuell ständig selber auch an sich zweifeln. Zweifel ist nur ein Symptom …

23. Die Gewissheit

Kennen Sie die Gewissheit? Was ist das überhaupt, sich einer Sache gewiss sein? Meistens haben wir mehr Ungewissheit als Gewissheit über Angelegenheiten, die uns gedanklich beschäftigen. Wäre es anders, bräuchten wir uns nicht mehr damit beschäftigen. Wenn eine Sache gewiss ist, dann können wir sie sozusagen abhaken. Meistens sind es Sachen, die einen Haken haben, was bedeutet, dass sie nicht richtig rund laufen, weil es irgendwo hakt. Solche Haken sind Schwierigkeiten im Leben, die uns so sehr beschäftigen, dass wir uns ständig gedanklich im Kreise drehen, ohne dass es rund läuft, sozusagen hakt. Diese Haken könnten wir abhaken, wenn die Gedanken einmal eine andere Richtung einnähmen und sich nicht immer nur im Kreise drehten. Kreise sind Kreise. Kreisen Ihre Gedanken immer nur in eine Richtung, dann ändern Sie doch einfach mal die Richtung. Dann werden Sie bemerken, dass eine Richtungsänderung eine andere Position bewirken kann. Manchmal haben diese Schwierigkeiten aus einer anderen Position betrachtet überhaupt nicht den Stellenwert, den unsere Gedanken ihnen zukommen lassen. Wenn Sie wirklich Gewissheit haben wollen, dann schalten Sie mal Ihren Dauerkreisel um. Versuchen Sie doch einfach einmal, sich Gewissheit zu verschaffen, indem Sie Klärung herbeiführen – nicht bloß gedanklich, sondern in der Tat. Im Tun kann es durchaus geschehen, dass plötzlich alle Gedankenkonstrukte zusammenfallen und Sie

Gewissheit haben über alle bisherigen Ungewissheiten. Reden kann helfen, reden ist Tun! Reden bedeutet Klärung herbeiführen. Klärung herbeiführen bedeutet, sich wieder gute Gefühle zu verschaffen sozusagen Gewissheit zu verschaffen. Gewissheit ist nur ein Symptom …

24. Der Hass

Der Hass entsteht aus einer gewissen Ungewissheit heraus. Könnte man darüber reden, was als störend empfunden wird, bräuchten wir keinen Hass zu empfinden. Das Leben besteht ganz oft nur aus Missverständnissen, weil es die Menschen verlernt haben, sich klar und deutlich auszudrücken. 1 + 1 = 2, ganz logisch. Wenn einer und einer aneinander vorbeireden, dann geht diese Rechnung leider nicht auf. Einer denkt so und der andere so, es kommt also kein Ergebnis zustande. Die Menschen haben unterschiedliche Gedankenmuster. Reden, wirklich miteinander reden können nur Menschen mit gleicher Wellenlänge, gleichem Gedankenmuster. Wenn man nicht das gleiche Gedankenmuster hat, entstehen Missverständnisse. Man kann einfach nicht miteinander reden, man redet sozusagen gegeneinander. Das hat mitunter ein hohes aggressives Potenzial zur Folge, sprich Hass. Israel und Palästina lassen schön grüßen, Hooligans ebenfalls usw. …

Die einzige Möglichkeit, darüber hinwegzukommen, besteht darin, jeden Menschen so zu belassen, wie er nun mal eben so ist. Das hat durchaus eine entlastende Funktion. Dann bräuchte keiner, aber auch nicht ein Einziger, irgendjemanden wegen seiner Gesinnung anzugreifen. Wäre das nicht eine schöne Perspektive? Hass entsteht durch unverträgliche Gesinnung. Möge ein jeder mal seine Gesinnung überprüfen. Hass ist nur ein Symptom …

25. Das Loslassen

Das Loslassen belastender Symptome hat für jeden Menschen eine erleichternde Wirkung. Last ist schwer – auch bei belastenden Symptomen. Wir tragen etwas mit uns herum, was unser ganzes Leben erschwert. Ohne diese Last kann man sich problemlos wieder aufrichten und sich völlig befreit fühlen. Diese Befreiung hat auch noch andere Folgeerscheinungen. Man kann sich auch endlich mal wieder erholen. Wenn man schwer tragen oder ertragen musste, dann hat das körperliche Folgen. Diese Folgen machen mitunter richtige Schmerzen. Gelenkschmerzen zum Beispiel haben eine Bedeutung. Hierüber gibt es genügend Literatur. Es müsste doch möglich sein, sich von diesen Schmerzen zu befreien. Hören Sie mal wieder auf Ihre innere Stimme. Was missfällt Ihnen in Ihrem Leben? Warum sagen Sie nicht mal, was Sie belastet? Jammern über Schmerzen ist sinnlos, davon wird kein Schmerz geheilt. Äußern, was als belastend empfunden wird, was wirklich schmerzt, kann befreien. Schlechte Gefühle verursachen Schmerzen, wenn man sie nicht äußert. Alle Gefühle möchten gelebt, sprich geäußert werden. Wenn das versäumt wird, muss der Körper reagieren. Das nennen wir dann Krankheit oder Schmerzen.

Befreien Sie sich vom Druck des Lebens, indem Sie sich von belastenden Gedanken befreien. Belastende Gedanken loslassen können ist der Weg zur Befreiung, ist der Weg zur Gesundheit. Loslassen können ist nur ein Symptom …

26. Die Erfüllung

Es gibt ein schönes Märchen, in dem werden sämtliche Wünsche sofort und völlig erfüllt. Kennen Sie auch das Märchen vom Schlaraffenland? Solche Märchen sind heute leider etwas in Vergessenheit geraten. Nichtsdestotrotz sind sie nach wie vor äußerst aktuell. Da gab es doch tatsächlich Menschen, denen wurden alle Wünsche erfüllt. Ganz gleich, was immer sie wollten, das bekamen sie auch. Sie wünschten sich nichts sehnlicher, als immer nur bestens zu essen und zu trinken. Was könnte man sich denn auch sonst noch wünschen? Es ist auch heute noch so, dass man sich genug zu essen und trinken wünscht, da es ein Grundbedürfnis des Menschen ist, den Hunger und Durst zu stillen. Wenn man heute Hunger und Durst gestillt hat, was gibt es da eigentlich noch zu wünschen? Gute Gesundheit ist die Voraussetzung für alle anderen Wünsche. Gesundheit ist das A und O im Leben, Alpha und Omega, Anfang und Ende. Wie steht es mit der Gesundheit heutzutage? So selbstverständlich ist das gar nicht mit der Gesundheit heutzutage. Mehr kranke als gesunde Menschen sind leider die Realität. Trotz größter Bemühungen im Gesundheitswesen haben die Menschen auch heute noch Probleme mit der Gesundheit. Woher kommen denn heute die größten gesundheitlichen Probleme? Ernährungswissenschaftler haben herausgefunden, dass wir heute im Schlaraffenland leben (zu viel, zu fett, zu oft). Heute muss bei uns niemand mehr körperlich hungern. Die Grundversorgung für den Körper ist gesichert.

Da gibt es aber auch noch einen anderen Hunger. Können Sie sich vorstellen, dass Menschen auch noch andere Nahrung benötigen, sozusagen Futter für die Seele? Friedrich der Große hat Versuche gemacht mit Neugeborenen. Denen wurde körperliche Nahrung ohne jede Ansprache gewährt. Das ist heute unvorstellbar. Alle, wirklich alle Säuglinge mussten nach und nach sterben, sie sind elendig verkümmert. Die kleinen Seelen sind verhungert, weil ihnen keinerlei Zuwendung zuteil wurde. Das würde man heute Liebesentzug nennen. Nach wie vor, heute wie gestern, sind die Menschen auf Liebe, auch auf gegenseitige Liebe oder nennen Sie es Zuwendung angewiesen. Des Menschen Seele verhungert auch heute noch ohne Zuwendung. Seele ist Psyche ist Gefühl. Wenden Sie sich mal wieder Ihrem Gefühl zu, entdecken Sie mal wieder, was wirklich in Ihnen steckt. Dann können Sie sich und Ihren Mitmenschen wieder etwas Zuwendung zukommen lassen. Zuwendung heißt das Zauberwort, damit man nicht nur körperlich gut versorgt ist. Wenn man sich einen Wunsch erfüllt, den es im Schlaraffenland nicht gegeben haben soll, nämlich nicht nur körperlich, sondern auch emotional gut versorgt zu sein, dann besteht durchaus die Möglichkeit, dass es einem insgesamt wohlergehen könnte. Diese Erfüllung ist nur ein Symptom …

27. Die Emotionen

Emotionen haben alle Menschen. Emotionen sind Energien, die ausgedrückt werden wollen, sie sollen und müssen aus uns herausfließen. Darum heißen sie englisch e-motion = Energie in Bewegung. Wenn das heutzutage auch so noch geschehen darf, sprechen wir von emotionaler Gesundheit. Das wäre dann der erstrebenswerte Normalzustand. Die Emotionen sind der Ausdruck der Gefühle. Emotionen sind nur ein Symptom …

28. Die Unfähigkeit

Wenn es uns gelingt, unseren Gefühlen Ausdruck zu verleihen, haben wir die großartige Möglichkeit, unsere Emotionen leben zu können. Wenn Emotionen gelebt werden, kann es passieren, dass man wieder aufmachen kann, was man sozusagen schon so lange zugemacht hatte. Hurra, wir leben noch! Es ist einfach nur eine Genugtuung, all das rauslassen zu können, was in uns steckt. Genugtuung bedeutet, genug für sich zu tun, nämlich zu tun, was getan werden sollte. Gefühle müssen zugelassen und ausgedrückt werden, damit die emotionale Gesundheit uns Freude und Wohlergehen bereiten kann. Leider ist es uns nicht immer möglich, davon Gebrauch zu machen, weil der Verstand uns daran hindert. Verlassen wir die Verstandesebene, ist plötzlich das Gefühl etwas präsenter. Dann sind wir wieder fähig, Gebrauch davon zu machen. Die Unfähigkeit, unsere Gefühle zu gebrauchen, verhindert die gesamte Gesundheit, beschert uns leider nur Krankheitssymptome. Unfähigkeit an sich ist leider auch schon ein Symptom …

29. Die Gesundheit

Die Gesundheit im Leben ist nicht nur die körperliche, sondern auch die emotionale Gesundheit. Falls es Ihnen auch ein Bedürfnis ist, gesund und aktiv durchs Leben zu gehen, dann beachten Sie vor allen anderen Dingen wirklich immer erst Ihre Gefühle. Diese beachtenswerten Gefühle können Ihnen einen anderen Zugang zur Gesundheit des Körpers verschaffen. Wenn es Ihnen gelingt, immer auf Ihr Gefühl zu hören und Emotionen auch zuzulassen, dann braucht der Körper nicht krank zu werden, und Sie müssen nicht daran arbeiten, wieder gesund zu werden. Kranke Menschen haben leider immer ihre Gefühle überhört. Wenn dann der Körper erkrankt und somit seine Sprache spricht, dann braucht es schon eine Menge Arbeit, um diese Sprache zu erhören, das heißt, sie zu verstehen. Wenn das so viel Arbeit macht, könnte man eher in die Versuchung geraten, lieber ein paar Pillen zu nehmen. Das ist heute leider immer noch üblich. Wie kann man denn auch nur eine Sprache verstehen, die man nicht verstehen kann, von der man noch nicht einmal weiß, dass es sie gibt? Hätten wir gelernt, diese Sprache zu verstehen, dann bräuchten wir keine Pillen. Es ist an der Zeit, dieser Sprache ein wenig mehr Verständnis entgegenzubringen, damit die Reaktionen des Körpers verstanden werden. Der Körper kann nur auf unterdrückte, ungelebte Gefühle reagieren. Die verschaffen sich ihre eigene Sprache, indem sie den Körper sprechen lassen in Form von diversen Erkrankungen. Wo es so viele kranke Menschen gibt, dürfte die Frage erlaubt sein: Verstehen Sie die Sprache Ihres eigenen Körpers? Im Interesse an der eigenen Gesundheit sollte jeder Mensch in der Lage sein, die Sprache des Körpers zu verstehen. Das würde Erlösung von allem Übel bedeuten. Nur wenn der Mensch erkennen kann, wo das Übel wirklich begraben ist, dann kann er es auch erlösen. Da kann einem auch schon einmal übel werden, weil man es tatsächlich nicht geschafft hat, Gefühle für alle Zeiten tief im Inneren zu begraben. Sollte es allerdings gelingen, sie wieder zu entdecken, sie wieder auszugraben, dann könnte es möglich sein, auch ohne Pillen gesund zu werden; Schwerstarbeit sozusagen. Wenn Sie bereit sind, an sich zu arbeiten, dann brauchen Sie keine Pillen. Gesundheit ist nur ein Symptom …

30. Die Liebe

Haben Sie es auch schon einmal erleben dürfen, was es bedeutet zu lieben? Was ist das überhaupt? Können wir überhaupt lieben? Und wenn wir lieben, weshalb eigentlich? In der Regel wird lieben mit brauchen verwechselt. Ich brauche Liebe oder liebe ich, um zu gebrauchen? Wie sieht denn der Alltag heute wirklich aus? Bedingungslose Liebe ist den Menschen leider unmöglich. Lediglich manche Mütter oder auch Väter haben einen etwas anderen Zugang dazu. Mütter können ihre Kinder zumindest in den ersten Lebensjahren des Kindes bedingungslos lieben. In späteren Jahren ist diese selbstlose Liebe leider auch schon an diese oder jene Bedingung geknüpft. Die meisten Kinder müssen sich die Liebe ihrer Eltern verdienen, auch die ihrer Mütter. Was immer die Kinder auch treiben, wie kommt es bei den Eltern so an? Wenn es dann nicht so ist, wie es sein sollte, wird gerade bei den eigenen Kindern unverhältnismäßig oft nach Fehlern und fast immer nur nach Fehlern gesucht. Kann es sein, dass diese Kinder zum Vorzeigen dienen? Was man selbst nicht wirklich geschafft hat, das sollten doch wenigstens die Kinder erbringen. Vorzeigeobjekte dienen dem eigenen Ego. Haben diese Kinder das wirklich verdient? Möge jeder ein wenig in aller Ruhe darüber nachdenken. Was die Normalität ist, muss nicht immer auch Liebe sein. Liebe, wirkliche Liebe, ist niemals an irgendeine Bedingung geknüpft. Bedingungen sind bei selbstloser Liebe unmöglich. Leider ist selbstlose Liebe auf unserer schönen, großen Erde sowieso nicht so ganz häufig zu finden. Wieso gibt es überhaupt Liebe auf unserer Erde? Kann es sein, dass wir Menschen auf Liebe angewiesen sind? Die Voraussetzung für bedingungslose Liebe zu anderen Menschen setzt die bedingungslose Liebe zu sich selbst voraus. Kennen Sie jemanden, der von sich sagen kann: Ich liebe mich selber, bedingungslos selber? Das dürfte eher die allergrößte Ausnahme sein. Können Sie sich so annehmen oder gar lieben mit all Ihren Fehlern, die Sie so haben? Falls ja, dann sind Sie wirklich eine Ausnahme. Erst dann und wirklich erst dann sind Sie in der Lage, auch andere Menschen zu lieben oder wenigsten so anzunehmen, wie sie sind, mit all ihren Schwächen und Fehlern. Wenn Sie sich selber Fehler zugestehen, dann dürfen auch andere Menschen Fehler machen. Das dürfte das Leben etwas liebenswerter machen, denn oftmals sind gerade die Menschen die liebenswerten, die Fehler machen. Fehlerlose Menschen gibt es nicht, und wenn es denn doch so sein sollte, sind diese Menschen dann liebenswert? Meistens umgibt ein Hauch von Unnahbarkeit diese Menschen. Nähe ist ein Problem für diese Menschen. Kann man sich Nähe leisten in unserer unnahbaren Gesellschaft? Nähe hat etwas mit Wärme zu tun. Kann man sich in unserer coolen Gesellschaft überhaupt noch Wärme leisten? Ist es da nicht besser, sich ein bisschen abzukapseln und den Unnahbaren, den Fehlerfreien zu spielen? So eine Kapsel hat schon ihre Vorteile. Man kann dann weder geben noch nehmen, weil es unmöglich ist, aus eigenem Antrieb diese Kapsel zu durchbrechen. Sollte es dennoch irgendwann möglich sein, dann nur mit äußerer Hilfe. Um so eine Kapsel zu knacken, braucht es schon professionelle Hilfe; uncoole Typen sozusagen. Wärme und Nähe braucht es im Leben, damit das Leben auch lebenswert oder liebenswert ist. Wenn man das einmal erkennen dürfte und danach auch umsetzen könnte, dann wäre die Coolness vorbei. Dann könnte es sogar geschehen, dass man Wärme und Nähe zulassen könnte. Das hat zwar noch nichts mit Liebe zu tun, aber es wäre ein Anfang.

Liebe, bedingungslose Liebe, ist noch eine andere Dimension.

Für uns Menschen ist es schon eine große Herausforderung, Nähe und Wärme zuzulassen, was noch nichts mit Liebe zu tun hat. Auch darüber gibt es schon viel zu lesen. Wenn wir es schaffen, Wärme und Nähe zuzulassen, kommen wir dem Phänomen Liebe schon etwas näher. Die Liebe hat nichts mit Sexualität zu tun, Liebe ist ein zwischenmenschliches Phänomen. In unserer Gesellschaft wird Liebe häufig mit Sexualität in Verbindung gebracht und leider auch verwechselt. Liebe ist Wärme, ist Nähe, ist Zuneigung; Sexualität eventuell auch, aber eventuell auch nicht. So kann man sich irren. Hat es schon mal einen Menschen in Ihrem Leben gegeben, den Sie bedingungslos lieben konnten mit all seinen Schwächen und Fehlern? Dann sind Sie ganz gewiss ein zufriedener Mensch. Ein Mensch, der es schafft, einen anderen Menschen so zu akzeptieren, wie er eben mal ist, ist zumindest ganz gewiss ein zufriedener Mensch. Nur ein mit sich selbst zufriedener Mensch ist zur bedingungslosen Liebe fähig. Alles, was ein Mensch braucht, könnte er in sich tragen. Zufriedenheit mit sich selber, Liebe zu sich selber, Liebe zu anderen kann jeder Mensch nur im eigenen Inneren gestalten.

Sich lieben und überhaupt lieben zu können ist nur ein Symptom ...

31. Die Dankbarkeit

Eine wirkungsvolle Ausdrucksform der bedingungslosen, universellen Liebe ist die Dankbarkeit. Vor einiger Zeit fiel mir das Buch »Candid oder die beste der Welten« in die Hand. Dort hat Voltaire Gedanken zum Thema Dankbarkeit niedergeschrieben, die in ihrer Kürze und Eindringlichkeit wohl kaum zu überbieten sind: Candid besucht das Land Eldorado und fragt einen Greis, ob das Land denn auch eine Religion habe. »Wir haben, glaube ich, die Religion der ganzen Welt; wir loben Gott vom Abend bis zum Morgen.« Weiter will Candid wissen, ob man in Eldorado nur den einen Gott anbetet. »Aber gewiss«, sagt der Greis, »denn es gibt doch weder zwei noch drei noch vier. Ich muss gestehen, dass die Leute aus eurer Welt recht sonderbare Fragen stellen.«

Candid fuhr fort, den Greis mit Fragen zu bombardieren. Er wollte wissen, wie man in Eldorado etwas von Gott erflehe. »Wir erflehen nichts von ihm«, sagte der gute und würdige Greis, »wir danken ihm ohne Unterlass.« Der neugierige Candid wollte Priester sehen; er ließ fragen, wo sie seien. Der Weise lächelte. »Lieber Freund«, sagte er, »wir alle sind Priester, der König und alle Familienhäupter singen allmorgendlich feierliche Dankeshymnen und tausend Musiker begleiten sie.«

Erstaunlich, nicht wahr? Anzufügen wäre noch, dass der von Voltaire beschriebene Reichtum in Eldorado unvorstellbar groß war. Ein Märchen. Ich denke nicht. Können Sie sich vorstellen, morgens aufzuwachen und dankbar für das Leben zu sein? Meistens sieht die Realität ein wenig anders aus. Man ist müde und verspürt so gar keine Lust, dankbar zu sein für alles, was man so hat und tut und darf. Es ist heute leider in Vergessenheit geraten, auch und gerade für Selbstverständlichkeiten dankbar zu sein. Erst dann nämlich bekommt das ganze Leben eine besondere Qualität. Man braucht ja nicht immer gleich zu singen. Die Wahrnehmung der eigenen Befindlichkeit, des eigenen Wohlbefindens ist der Anfang auf dem Weg zur Dankbarkeit. Dabei kann man sich durchaus auch einmal gut fühlen, erfühlen sozusagen, was wirklich ist. Dazu reichen schon ein paar Minuten vor dem Aufstehen. Danach kann man auch noch überlegen, wie man weiter durch den Tag kommen möchte. Möchte man nur dieses oder jenes, oder könnte man auch einmal auf die Idee kommen, dankbar für all das zu sein, was man so hat, was man so tut und was man so darf. Liebevolle Menschen haben einen besonderen Zugang zur Dankbarkeit; sie dürfen erkennen, dass Dankbarkeit ein Ausdruck der Liebe ist, der Liebe zu allem, was ist. Kann man denn alles lieben, was ist? Das wohl nicht, oder doch? Zumindest aber kann man es lernen, dankbar zu sein für eventuelle Selbstverständlichkeiten. Das würde das eigene Leben schon etwas lebenswerter machen, denn dann könnte man auch mal aufhören zu jammern und zu klagen. Jammert man sich heute kaputt oder denkt man sich heute gesund? Jeder möge das für sich entscheiden. Man braucht etwas Mut, um gegen den allgegenwärtigen Jammerstrom anzuschwimmen. Manchmal braucht man dabei einen Rettungsanker. Da könnte die Dankbarkeit durchaus hilfreich sein. Dankbare Menschen brauchen nicht zu jammern, dankbare Menschen haben eine andere Wahrnehmung von allem, was ist.

Dankbarkeit ist eine vergessene Dimension geworden. Liebe ist eine vergessene Dimension geworden. Dankbarkeit ist nur ein Symptom ...

32. Nachwort

Wie Sie jetzt wohl auch schon bemerkt haben, gibt es viele Symptome im Leben. Wenn Sie es schaffen zu erkennen, was die wirklichen Ursachen für Symptome sind, wenn Sie sozusagen wieder ins Gefühl kommen, wenn Sie Ihre guten, aber auch Ihre schlechten Gefühle wahrnehmen und auch ausdrücken, dann können Sie auch wieder leben. Leben ohne Gefühl ist ein gefühlloses Leben. Der Verstand hat durchaus seine Berechtigung, aber er kann es nicht schaffen, Gefühl zu ersetzen. Beides hat seine Berechtigung, manchmal bedarf es allerdings einer Berichtigung. Die Überbewertung des Verstandes macht uns das Leben so schwer. Schwerelos geht es wohl nicht, aber mit etwas weniger Verstand könnte es geschehen, dass das Leben etwas leichter wird. Fragen Sie öfter mal Ihr Gefühl. Gefühl im Leben – im ganzen Leben – ist der Wegweiser zur vollkommenen Gesundheit. Krankheit haben wir schon mehr als genug!